Thank you • *Dankie*

Amharic. Hello • *seu-lam*

Thank you • *a-meu-seu-gë-na-llō*

Arabic. Hello • *al-sa-laam a-lay-kum*

Thank you • *shuk-ran*

Armenian. Hello • *ba-rev dzez*

Thank you • *shnor-ha-kal em*

Azeri. Hello • *Salam aleykum*

Thank you • *Taşakkur ediram*

Basque. Hello • *Kaixo*

Bengali. Hello • *as-sa-lam wa-lai-kum (Muslim) no-mohsh-kar (Hindu)*

Thank you • *d'oh-noh-baad*

Bulgarian. Hello • *zdra-vey-te*

Thank you • *bla-go-da-rya*

Burmese. Hello • *min-gă-la-ba*

Thank you • *cè-zù-bèh*

Cantonese. Hello • *láy-hó*

Catalan. Hello • *Hola*

Thank you • *Gràcies*

Croatian. Hello • *zdravo*

Thank you • *Hvala*

Czech. Hello • *Ahoj*

Thank you • *Děkuji*

Danish. Hello • *Goddag*

Thank you • *Tak*

Dutch. Hello • *Hallo*

Thank you • *Bedankt*

Estonian. Hello • *Tere*

Thank you • *Tänan*

Farsi. Hello • *sa-laam*

Fijian. Hello • *Bula*

Thank you • *Vinaka*

Filipino. Hello • *Kumusta*

Thank you • *Salamat*

Finnish. Hello • *Terve*

Thank you • *Kiitos*

French. Hello • *Bonjour*

Thank you • *Merci*

Georgian. Hello • *ga-mar-jo-bat*

German. Hello • *Guten Tag*

Thank you • *Danke*

Greek. Hello • *yia sas*

Thank you • *ef-kha-ri-sto*

Greenlandic. Hello • *Inuugujoq*

Hawaiian. Hello • *Aloha*

Thank you • *Mahalo*

Hebrew. Hello • *sha-lom*

Thank you • *to-da*

Hindi. Hello • *na-ma-ste*

Thank you • *shu-kri-yah*

Hungarian. Hello • *Szervusz*

Icelandic. Hello • *Halló*

Thank you • *Takk fyrir*

Indonesian. Hello • *Salam*

Thank you • *Terima kasih*

Italian. Hello • *Buongiorno*

Thank you • *Grazie*

Japanese. Hello • *kon-ni-chi-wa*

Thank you • *a-ri-ga-tō*

Kazakh. Hello • *sa-la-mat-syz be*

Khmer. Hello • *johm riab sua*

Thank you • *aw kohn*

Korean. Hello • *an-nyeong ha-se-yo*

Thank you • *gam-sa ham-ni-da*

Kyrgyz. Hello • *sa-lam*

Thank you • *rakh-mat*

Lao. Hello • *sa-bai-dii*

Latvian. Hello • *Labdien*

Thank you • *Paldies*

Lithuanian. Hello • *Labas*

Thank you • *Ačiū*

Macedonian. Hello • *zdra-vo*

Malagasy. Hello • *Salama*

Malay. Hello • *Helo*

Maltese. Hello • *Merhba*

Thank you • *Grazzi*

Mandarin. Hello • *Nǐ hǎo*

Thank you • *Xièxie*

Mayan (K'iche'). Hello • *Xb'eqij*

Thank you • *Uts awech*

Mongolian. Hello • *sain bai-na uu*

Thank you • *ba-yar-la-laa*

Norwegian. Hello • *Goddag*

Thank you • *Takk*

Polish. Hello • *Dzień dobry*

Thank you • *Dziękuje*

Portuguese. Hello • *Olá*

Thank you • *Obrigado/a* (m/f)

Quechua. Hello • *Rimaykullayki*

Thank you • *Sulpayki*

Romanian. Hello • *Bună ziua*

Thank you • *Mulțumesc*

Russian. Hello • *zdrast-vuy-tye*

Thank you • *spa-si-ba*

Sinhala. Hello • *aa-yu-bo-wan*

Thank you • *is-tuh-tee*

Slovak. Hello • *Ahoj*

Thank you • *Ďakujem*

Slovene. Hello • *Dober dan*

Thank you • *Hvala*

Spanish. Hello • *Hola*

Thank you • *Gracias*

Swahili. Hello • *Habari*

Thank you • *Asante*

Swedish. Hello • *Hej*

Thank you • *Tack*

Tajik. Hello • *sa-lom*

Thank you • *rakh-mat*

Tamil. Hello • *va-nak-kam*

Thank you • *nan-dri*

Tetun. Hello • *Olá*

Thank you • *Obrigadu/a* (m/f)

Thai. Hello • *sà-wàt-dee*

Thank you • *kòrp kun*

Turkish. Hello • *Merhaba*

Thank you • *Teşekkür*

Turkmen. Hello • *sa-lam*

Thank you • *tan-gyr*

Ukrainian. Hello • *do-bry den*

Thank you • *dya-ku-yu*

Urdu. Hello • *a-sa-laam a-lei-kum*

Thank you • *shuk-ri-yaa*

Uzbek. Hello • *sa-lom*

Thank you • *rakh-mat*

Vietnamese. Hello • *Xin chào.*

Thank you • *Cảm ơn.*

Xhosa. Hello • *Molo.*

Thank you • *Enkosi.*

Zulu. Hello • *Sawubona.*

Thank you • *Ngiyabonga.*

English • *thank you*